I0158832

www.ingramcontent.com/pod-product-compliance
Lightning Source LLC
Chambersburg PA
CBHW060646030426
42337CB00018B/3473
* 9 7 8 1 7 8 2 6 3 1 7 2 9 *

ما هي البشارة المُفرحة

الخطاب التعليمي رقم 16

ديسمبر 2012

خدمة ديريك برنس، البرتغال

ما هي البشارة المفرحة

في خطابي هذا، سوف أتناول موضوع في غايةِ الأهمية بحسب اعتقادي. موضوع قد أوضَحه لي الله خلال العام الماضى، وهو موضوع إستعادة الرسالة، وأقصد هنا رسالة الإنجيل. ولكن بحسب اعتقادي، فقد حدث تمييع للرسالة وبالتالي فقد فقدنا جزء كبير من تأثيرها. يقول الكتاب المقدس في نهاية بشارة مرقس، أن الرسل خَرَجوا وبَشَّروا في كل مكان، وكان الرب يعمل معهم ويثبِّت الكلام بالآيات التابعة. لذلك فإن الله يُدعِّم كلمته بآيات خارقة للطبيعة.

الله يُدعِّم كلمته بآيات خارقة للطبيعة.

لذلك فمن المنطقي أنه من أجل أن نحصُل على الدعم الخارق للطبيعة من الله، يجب أن نكون متأكّدين من أن لدينا الكلمة التي يريد الله أن يُثبّتَها. وبمعنى آخر أن تثبيت الكلمة مُرتبط بتقديمنا لكلمة الله، التي يَودُّ الله أن نُقدمها.

أن تثبيت الكلمة مُرتبط بتقديمنا لكلمة الله، التي يَودُّ الله أن نُقدمها.

والآن فإن الكلمة القياسية المُستخدمة تاريخياً هي كلمة بشارة. وأنا لا أَودُّ أن أُخبر أي انسان أن كلمة بشارة تعني الأخبار المفرحة. ولكن بصفة عامة، خاصةً عند تقديم خدمة يسوع وحقيقة البشارة، فإن الكلمة المُستَخدمة ليست مجرد كلمة "البشارة" ولكن "بشارة الملكوت". أو تُستخدم عبارة "بشارة ملكوت الله" أو"بشارة ملكوت السمَوات". ولكننا لن نفهم الرسالة الكاملة للبشارة لو حذفنا كلمة "ملكوت" لذلك أريد أن أتأمّل معكم قليلاً في المعنى المُتضمِّن لعبارة البشارة بحسب اعتقادي؛ أو "الأخبار المفرحة للملكوت". وأعتقد أن ذلك سيكون غير مألوفً للكثير منكم.

وأحد الأسباب التي تجعل هذا التفسير غير مألوف ويصعب فهمه إلى حدٍ ما لكثير من المسيحيين المعاصرين، هو حقيقة أننا لم نعد مُعتادين على معنى الملكوت كوسيلة للحُكم. فمعظمنا بصفة أساسية يعيش في بلاد ديموقراطية، حتى في موطني الأصلي بريطانيا. فبالرغم من أنه مازال هناك عائلة ملكية لكنها تُعتبر شكل ديكوري فقط. فإن العائلة المالكة في بريطانيا مجرد مؤسسة، ولكنها لا تُشارك في الحكم في معظم الأحوال. انها ليست جزءا من عملية الحكم في معظم الحالات.

ولكن يجب أن نُدرك أنه في وقت كتابة البشارة كان الاسلوب الطبيعي للحكم هو الحكم المَلَكِّي. ولكننا هنا لا نتحدث عن شئ ديكوري، أو مؤسسة قديمة مثيرة للإهتمام، ولكننا نتكلم عن حقيقة واقعية للحُكم.

لذلك فعندما نتكلم عن الأخبار المُفرحة لملكوت الله، فنحن نتكلم عن البشارة المُفرحة لحكم الله بمعنى عملي جداً. فنحن لا ننوي عرض بعض الأمور الخيالية

عن الله كحكم سيادي بعيد في مكان ما، ولكننا نتكلم عن أننا سوف نكون تحت حُكم الله بالفعل.

هذه هي القضية الحاسمة لتلك الرسالة، وأعتقد أنك تتفق معي أن تلك الرسالة كانت غير واضحة في الكنيسة لقرون عديدة. فالناس "الإنجيليين"، أو أياً كان اسمهم بحسب رأيك، عندما يتحدَّثون عن بشارة الإنجيل، تتحوّل عقولهم إلى منطقة "آمنة". فبالنسبة لهم بشارة الإنجيل تعني أن خطاياك قد غُفرت، وأنك سوف تنال الحياة الأبدية؛ أي أنك ستذهب للسماء عندما تموت. وبالرغم من أن تلك الحقائق مذكورة في البشارة، وأن ذلك شئ بالغ الأهمية، ولكن ذلك ليس مركز بشارة الإنجيل كما يقدمهُ العهد الجديد، ولكن ذلك يُعتبر إنحراف عن المغزى الحقيقي أو مركز الرسالة. فإن رسالة الإنجيل هي " أن الله مستعد أن يتولى حُكم الجنس البشري ".

إن البشارة المُفرحة هي أن الله مُستعد أن يتولى حُكم الجنس البشري.

فلو تحدثنا عن بشارة الإنجيل في أي وقت، ولم يتضمّن كلامنا أننا تحت حكم الله، فقد فقدنا جوهر الموضوع. وأود الآن أن أُشير إلى مُقدمة نبوية ذُكِرَتْ في إشعياء النبي 9 : 6-7 ، هذه النبوة الشهيرة بولادة ربنا يسوع المسيح؛ وأود أن نرى مدى وضوح هذه العبارة.

لأَنَّهُ يُولَدُ لَنَا وَلَدٌ وَنُعْطَى ابْنًا . . .

وهذا مفهوم واضح للكنيسة خلال قرون، كإشارة لميلاد ربنا يسوع المسيح. ولاحظ مدى دقّة النبوة، أنه يُولَدُ لَنَا طفل رضيع صغير، ولكن يُعطى لنا كإبن الله الأزلي؛ فإن المسيح لم يُصبح ابن الله عندما ولِدَ من العذراء مريم، ولكنه جاء كطفل. والآن ما هي أول عبارة ذُكرت عن المسيا، هذا المُخلص؟

. . . وَتَكُونُ الرِّيَاسَةُ عَلَى كَتِفِهِ . . .

لذلك ما هو أول شيء يُعتبر جوهر البشارة المفرحة ؟ أن الرياسة ستكون على كتفه، وسيتولى حُكم الإنسانية.

. . . وَيُدْعَى اسْمُهُ عَجِيبًا، مُشِيرًا، إِلهًا قَدِيرًا، أَبًا أَبَدِيًّا، رَئِيسَ السَّلاَمِ.

وأعتقد أن هذه هي سِمات مؤهلاته لحكم الإنسانية. والعدد التالي يعود إلى موضوع الحكم.

. . . لِنُمُوِّ رِيَاسَتِهِ، وَلِلسَّلاَمِ لاَ نِهَايَةَ . . .

والكتاب المقدس يجعل من الواضح جدا أن السلام يعتمد دائما على حكومة جيدة . فبدون حكومة جيدة، لا يمكن أن يكون هناك سلام . وأولئك الذين يرفضون حُكم الله، لا يمكن أن يعرفوا السلام. لا يمكن لاولئك الذين يرفضون حكم الله أن يختبروا السلام.

لا يمكن لاولئك الذين يرفضون حكم الله أن يختبروا السلام.

يقول أشعياء أكثر من مرة: لا يوجد سلام للأشرار والمتمردين. ومرةً أخرى، هذا غير مألوف للتفكير المُعاصِر. وللأسف، فأنا أعتقد أن العديد من المسيحيين يميلون للإعتقاد بأن الحكومة ليست إلا مؤسسة عدائية، مسئولة عن العديد من المشاكل. ولكن حقيقة الأمر أنه بدون الحكومة، لايمكن أن يكون هناك سلام. فلا يمكن للدول السعي إلى السلام دون وجود حكومة. فإن مقياس نجاح الحكومة هو مدى السلام الذي تُوَفره .

وبالعودة إلى الآية 7 :من سفر إشعياء الاصحاح التاسع،

. . . لِنُمُوِّ رِيَاسَتِهِ، وَلِلسَّلاَمِ لاَ نِهَايَةَ . . .

وبمجرد أن تبدأ رياسته، سوف تستمر للأبد وتنمو بلا نهاية. والآن لاحظ أي نوع من الرياسة.

. . .عَلَى كُرْسِيِّ دَاوُدَ وَعَلَى مَمْلَكَتِهِ. . .

أن يسوع يحكم كملك . لا كرئيس، ولا كرئيس وزراء ، وليس كدكتاتور ولكن كملك. وبعد ذلك يقول :

. . .لِيُثَبِّتَهَا وَيَعْضُدَهَا بِالْحَقِّ وَالْبِرِّ، . . .

وفيما يتعلق برسالة الملكوت، فإن أول كلمة دائماً ما تُذكر مباشرةً بعد كلمة الملكوت هي كلمة العدل والبِر. والسلام مرتبط بذلك مباشرةً. لذلك لدينا الآن هذه الحقائق أنه بدون حكومة لايمكن أن يكون هناك سلام. و يجب على الحكومة توفير العدالة . و عندما يكون هناك عدالة أو بِّر سوف يكون هناك سلام .

ثم يقول بعد ذلك :

. . . مِنَ الآنَ إِلَى الأَبَدِ. ، . . .

ثم العبارة الختامية هي الضمان أن ذلك سوف يحدث. مهما كان رد فعل أو استجابة الانسان ، والله يقول :

غَيْرَةُ رَبِّ الْجُنُودِ تَصْنَعُ هذَا.

والرب مُلتزم تماما بذلك حتى أنه يضمن حدوثه .

والآن هذه هي صورة لما جاء يسوع للقيام به. فقد جاء ليأخذ رياسة الجنس البشري،

هذه هي صورة لما جاء يسوع للقيام به. فقد جاء ليأخذ رياسة الجنس البشري،

وهذا منطقي جدا، فلو قمت برصد مصدر جميع مشاكل الانسانية، ستجد أنها ترجع إلى حقيقة واحدة أن الانسان رفض رياسة الله.

مصدر جميع مشاكل الانسانية: الانسان رفض رياسة الله.

فالإنسان تمرد ضد الله ورفض رياسته. وهذا هو المصدر الوحيد الذي يمكن تتبعه لكل الشرور والمعاناة وجميع مشاكل الإنسانية منذ أن تمرد ضد الله. ويُعتبر الإنجيل أو البشارة المفرحة منطقي جداً، حيث أنه يوفر علاج لجميع المشاكل التي نشأت نتيجة لذلك السبب. فتحت رياسة الله، سيحصُل الانسان على حل لجميع مشاكله.

الإنجيل يوفر علاج لجميع المشاكل. الرجوع تحت رياسة الله.

لذلك فإن التحدث عن تقبُّل البشارة أو الخلاص، أو كونك أصبحت مؤمنا أو مهما تود أن تقول، دون أن تكون تحت رياسة الله فأنت تخدع نفسك. لأنك بذلك تكون قد فقدت الهدف الأساسي تماماً؛ لأنه لا يمكن أن نفصل الخلاص عن رياسة الله للإنسان.

لا يمكن أن نفصل الخلاص عن رياسة الله للإنسان.

وكما ترى، لو بدأنا نفكر أننا سوف نستجيب بشكل مختلف في كثير من الأمور، فسوف يختلف موقفنا تجاه أشياء كثيرة. فسوف نُصبح شعب قابل للحكم. وأنا أعتقد أنه من الصعب تصور وجود شعب أقل قابلية للحكم في هذا الوقت، من شعب كنيسة يسوع المسيح. ففي إحدى الاجتماعات الكنسية صلّى شخص قائلاً : " إلهي، أرسِل لنا أنبياء " وفي مرةٍ أخرى قال خادم آخر " إلهي، لا تُرسل لنا أنبياء، لأنك لو فعلت فسوف نقتلهم ". حقا فأنا أشك أنه يوجد على الأرض اليوم أي شعب أقل قابلية للحكم من شعب كنيسة يسوع المسيح.

وأحد الأسباب الرئيسية لذلك أنه لدينا مفهوم خاطئ عن ما يطلبه الله منا. والبشارة المفرحة هي أن الله سوف يحكمنا، فلو كنا غير مستعدين لقبول رياسة الله، فليس لنا نصيب في البشارة المفرحة.

فلو كنا غير مستعدين لقبول رياسة الله، فليس لنا نصيب في البشارة المفرحة.

فنحن لا نستطيع أن نفصل بين رياسة الله وبين البشارة المفرحة. والآن دعنا ننتقل للعهد الجديد ونرى كيف تحققت نبؤة إشعياء النبي في متى 2 : 1- 6 ،

"وَلَمَّا وُلِدَ يَسُوعُ فِي بَيْتِ لَحْمِ الْيَهُودِيَّةِ، فِي أَيَّامِ هِيرُودُسَ الْمَلِكِ، إِذَا مَجُوسٌ مِنَ الْمَشْرِقِ قَدْ جَاءُوا إِلَى أُورُشَلِيمَ . قَائِلِينَ:«أَيْنَ هُوَ الْمَوْلُودُ مَلِكُ الْيَهُودِ؟ "(عدد 1-2)

هذا هو أول تقديم ليسوع للبشرية. لا كمخلِّص ، على الرغم من أنه هو كذلك ، ولكن كملك.

أول تقديم ليسوع للبشرية كان كملك، لا كمخلّص.

فَإِنَّنَا رَأَيْنَا نَجْمَهُ فِي الْمَشْرِقِ وَأَتَيْنَا لِنَسْجُدَ لَهُ». (عدد 2)

الآن لاحظ رد فعل السلطة القائمة في ذلك الوقت، على هذه الرسالة لأنه نفس رد فعل في كل الحالات تقريبا. فقد حدث إنزعاج شديد عندما سمع الملك هيرودس وجميع من معه بملك جديد.

فَلَمَّا سَمِعَ هِيرُودُسُ الْمَلِكُ اضْطَرَبَ وَجَمِيعُ أُورُشَلِيمَ مَعَهُ. (عدد 3)

ولماذا إضطرب هيرودس؟ ماذا كان الدافع وراء هذا الإضطراب؟ لأنه بدأ يُدرك أن هناك تهديد لحكمه، هل فهمت؟ ولو عرفت شخصية هيرودس، سوف تُدرك أن ذلك الإعلان سوف يخيفه أكثر من أي شئ آخر. ويؤكد التاريخ أكثر من مرة أن تصرّف هيرودس كان نموذجي. خرج لقتل كل المطالبين المحتملين لمملكته.

فَجَمَعَ كُلَّ رُؤَسَاءِ الْكَهَنَةِ وَكَتَبَةِ الشَّعْبِ، وَسَأَلَهُمْ:«أَيْنَ يُولَدُ الْمَسِيحُ (المسيّا)؟» (عدد 4)

لم يكن هناك جهل بهذا الأمر ، كان الجميع يعرف .

فَقَالُوا لَهُ:«فِي بَيْتِ لَحْمِ الْيَهُودِيَّةِ. لأَنَّهُ هكَذَا مَكْتُوبٌ بِالنَّبِيِّ: 6وَأَنْتِ يَا بَيْتَ لَحْمٍ، أَرْضَ يَهُوذَا لَسْتِ الصُّغْرَى بَيْنَ رُؤَسَاءِ يَهُوذَا، لأَنْ مِنْكِ يَخْرُجُ مُدَبِّرٌ يَرْعَى شَعْبِي إِسْرَائِيلَ».(عدد 5–6)

لاحظ مرة أخرى ما جاء يسوع للقيام به ؟ جاء ليحكم ، هذا صحيح .

حسنا، أن رد فعل الحكام العلمانيين للأخبار أن هناك ملك آخر حقا لم يتغير على مر القرون. لا يزال يجعلهم في حالة عصبية شديدة . إذا كنا لا نجعل السلطة العلمانية في حالة عصبية، ربما لا نكون قد نجحنا في توصيل الرسالة الصحيحة، هل فهمت؟

أريد أن أصل إلى الإعلان الأول للمملكة . والفقرات التي سوف أقرأها الآن تعتبر مقدمة ليسوع وخدمته. هذا هو الحساب الرسمي لمجيئه وبداية خدمته. و أريدك أن تلاحظ أن الموضوع لخدمة يسوع هو : أن ملكوت الله قد إقترب. دعنا نقرأ . متى 3 : 1 – 2،

وَفِي تِلْكَ الأَيَّامِ جَاءَ يُوحَنَّا الْمَعْمَدَانُ يَكْرِزُ فِي بَرِّيَّةِ الْيَهُودِيَّةِ، قَائِلاً: «تُوبُوا (لماذا؟)، **لأَنَّهُ قَدِ اقْتَرَبَ مَلَكُوتُ السَّماوَاتِ.**

ماذا كانت الرسالة؟ ملكوت السماء قد إقترب. لم يكن هناك شيء محدّد حول مغفرة الخطايا. الهدف الرئيسى والمركزي لخدمة يسوع أن ملكوت الله قد إقترب.

الهدف الرئيسى والمركزي لخدمة يسوع أن ملكوت الله قد إقترب.

الآن، كان كل الشعب اليهودي يتوقع الحاكم الذي سوف يستعيد لهم استقلالهم و حكمهم على أرضهم الخاصة. لذلك لم يكن لديهم أي صعوبة حول فهم معنى ما قاله يوحنا. قد لا يكونوا مرحبين بالرسالة ولكن بالتأكيد فهموا ما كان يقوله يوحنا. الحاكم الذي إنتظروه طويلاً هو الآن في متناول اليد. ثم نقرأ في متى 4

17:، وهذا هو أول ظهور علني ليسوع . وهذه هي الكلمات الأولى التي وعظ بها .

"**مِن ذلِكَ الزَّمَانِ** (وهو الوقت بعد أن وضع يوحنا في السجن) **ابْتَدَأَ يَسُوعُ يَكْرِزُ** . . ."

لكنني أفضّل كلمة نادى ب. عندما نرى كلمة يَكْرِزُ ، نحتاج إلى أن نضع في اعتبارنا أنه من فعل مشتق من إسم بمعنى كارز . بدأ ينادى ويقول: " تُوبُوا لأَنَّهُ قَدِ اقْتَرَبَ مَلَكُوتُ السَّمَاوَاتِ".

وقد بدأ يسوع خدمته بالضبط حيث كان يوحنا المعمدان قد بدأ. ليس هناك اختلاف. هذه هي الرسالة . يمكنك التأكيد من مرقس 1: 14-15 ، وهو مرة أخرى وصفا موازي لافتتاح خدمة يسوع.

"**وَبَعْدَمَا أُسْلِمَ يُوحَنَّا جَاءَ يَسُوعُ إِلَى الْجَلِيلِ يَكْرِزُ بِبِشَارَةِ مَلَكُوتِ اللهِ وَيَقُولُ:«قَدْ كَمَلَ الزَّمَانُ** . . ."

و التي تشير في المقام الأول ، كما أعتقد، إلى نبوءات دانيال التي وضعت وقت محدد لمجيء الملكوت.

" **وَيَقُولُ:«قَدْ كَمَلَ الزَّمَانُ وَاقْتَرَبَ مَلَكُوتُ اللهِ، فَتُوبُوا وَآمِنُوا بِالإِنْجِيل** (أو آمنوا بالبشارة المفرحة)."

ما هي البشارة المفرحة ؟ ملكوت الله قَدِ اقْتَرَبَ. هذا واضح جدا. الآن ، الشرط الأول لمن أراد أن يستفيد من الرسالة تتلخص في كلمة واحدة ، التوبة . غير المتغيرة . أينما تأتي الرسالة فدائما يكون الشرط الأول هو التوبة . لماذا؟ دعونا نعود للحظة إلى النبي إشعياء 53: 6 ، فقط آية واحدة ، الآية 6 ، والكلمات مألوفة للكثيرين:

" **كُلُّنَا كَغَنَمٍ ضَلَلْنَا** . . .

هذا صحيح بالنسبة لكل واحد منا هنا اليوم.

" . . . **مِلْنَا كُلُّ وَاحِدٍ إِلَى طَرِيقِهِ،** "

لاحظ هنا أن هذا الذنب شامل أو جامع للجنس البشري . هذه هى المشكلة الأساسية للبشرية. لم نرتكب جميعنا القتل أو الزنا أو السرقة أو شرب الخمر حتى السكر، أو أي امور غير أخلاقية ولكن هناك شيء واحد قمنا به جميعا. لقد مِلْنَا كُلُّ وَاحِدٍ إِلَى طَرِيقِهِ الخاصة . ثم يستمر النبي قائلا:

" وَالرَّبُّ وَضَعَ عَلَيْهِ (أي يسوع) إِثْمَ جَمِيعِنَا . . "

ما هو المنعطف في الطريق الخاص بك ؟ انها الخطية . انها كلمة قوية جدا
جدا للشر. أعتقد أن أفضل ترجمة في اللغة الإنجليزية الحديثة سوف تكون
التمرد. هذه هي المشكلة الجذرية للإنسان ، نحن جميعا متمردين. ولكن نشكر
الله أن الرسالة هي أن الرَّبُّ وَضَعَ على يسوع على الصليب تمرد البشرية
جمعاء، وكل النتائج الشريرة لذلك التمرد. هذا هو جوهر ما
تم انجازه على الصليب . الرَّبُّ وَضَعَ على يسوع تمرد البشرية جمعاء، وكل
النتائج الشريرة لذلك التمرد. حتى ما تكون كل النتائج الطيبة لطاعة يسوع الذي
بلا خطية ، متاحة لكل من يتوب ويؤمن. هذا هو جوهر ما تم انجازه في
الصليب ، كان تبادل الهيا. الشر بسبب تمردنا وضع على يسوع، حتى ما
نستفيد نحن من الخير بسبب طاعة يسوع.

هذا هو جوهر ما تم انجازه في الصليب ، كان تبادل إلهيا. الشر
بسبب تمردنا وضع على يسوع حتى ما نستفيد نحن من الخير
بسبب طاعة يسوع.

ومن خلال هذا الفعل الواحد، دبَّر الله جميع احتياجات البشرية جمعاء في كل
الأوقات : الروحية والعقلية والعاطفية والجسدية ، المادية والمالية و الأبدية. تم

توفير كل هذه الإحتياجات من خلال هذه التضحية السامية ليسوع المسيح على الصليب . ولكن جوهر المشكلة كان التمرد. وقد تعامل معها الله . لذلك ، لماذا يجب علينا جميعا أن نقدّم توبة ؟ لأننا كنا جميع متمردين ، هذا صحيح . لا توجد وسيلة لدخول ملكوت الله دون التوبة .

لا توجد وسيلة لدخول ملكوت الله بدون التوبة.

التوبة ، كما قلت بالفعل ، ليست مجرد عاطفة. قد تكون مصحوبة بالعاطفة ولكنها قرار. وهو ما يعني في المصطلحات الحديثة أن نقول: " الله ، لقد كنت أفعل إرادتي، أعيش لإرضاء نفسي ، بحسب المعايير الخاصة بي ، واضعاً الأهداف لنفسي ، ربما كنت أتشاور معك مرة واحدة أو مرتين عندما يناسبني ذلك . ولكن أساسا لقد كنت أعيش لإرضاء نفسي. لقد وصلت إلى نهاية ذلك، لن أفعل ذلك بعد الآن. وها أنذا، إلهي، وأقدِّم خضوعي لك دون تحفظ. قل لي ما يجب القيام به و سوف أفعل ذلك . "هذه هى التوبة" . أي شيء أقل من ذلك حقا لا يمكن أن يؤهِّلك للملكوت.

هناك الكثير من الناس " الذين يعتقدون انهم نالوا الخلاص " الذين ليس لديهم أي شيء في حياتهم أبدا يؤهلهم لدخول الملكوت، لأنهم لم يقدموا توبة حقيقية أبداً."

إن يسوع لم يعلن فقط الملكوت ولكنة أظهر الملكوت بوضوح. دعنا نقرأ في متى 4: 23-24 ، هذا هو بداية خدمته الفعلية أي ما أبعد من التعليم و الوعظ.

" وَكَانَ يَسُوعُ يَطُوفُ كُلَّ الْجَلِيلِ يُعَلِّمُ فِي مَجَامِعِهِمْ، وَيَكْرِزُ بِبِشَارَةِ الْمَلَكُوتِ، وَيَشْفِي كُلَّ مَرَضٍ وَكُلَّ ضَعْفٍ فِي الشَّعْبِ. فَذَاعَ خَبَرُهُ فِي جَمِيعِ سُورِيَّةَ. فَأَحْضَرُوا إِلَيْهِ جَمِيعَ السُّقَمَاءِ الْمُصَابِينَ بِأَمْرَاضٍ وَأَوْجَاعٍ مُخْتَلِفَةٍ، وَالْمَجَانِينَ وَالْمَصْرُوعِينَ وَالْمَفْلُوجِينَ، فَشَفَاهُمْ. "

وهنا يكمن جوهر ما أريد أن أنقله إليكم . الرسالة تحدِّد النتائج، عندما نادي بالملكوت، أظهر دور وسلطة الله.

الرسالة تحدِّد النتائج، عندما نادي بالملكوت، أظهر دور وسلطة الله.

و هناك ثلاثة أشياء لا يمكن لها البقاء في المواجهة مع الملكوت. وهم الخطية والمرض و الشياطين. في كل مرة تم مواجهة الإنسانية مع الملكوت من خلال يسوع ، فإن الخطية والمرض والشياطين إختبرت الهزيمة الكاملة، ولقد طُلب مني الحديث عن خدمة الشفاء و أنا سعيد جدا للقيام بذلك. ولكن على مدى العام أو العامين الماضيين، أدركت أن الكثير مما ندعوه خدمة الشفاء تفعل شيئا ما، قال عنه يسوع أن أي شخص عاقل لن يفعله. انها تأخذ قطعة من من الملابس الجديدة و تضعها رقعة على الملابس القديمة. لأَنَّ الْمِلْءَ يَأْخُذُ مِنَ الثَّوْبِ، فَيَصِيرُ الْخَرْقُ أَرْدَأَ. ماذا أعني بذلك؟ أعني أن الناس لابد أن تخرج من

نطاق إرضاء النفس ، حيث الحياة الجسدية التي لا تعطي الله إلا بعض الصلوات صباح الأحد أو في أي وقت. يأتون إلى " خدمة الشفاء " ويقضون ربما ساعتين أو ثلاث ساعات، و يتوقعون من الله أن يضع رقعة جديدة من نعمتة الخارقة على نمط الحياة التي يعيشونها لإرضاء ذواتهم. إن ذلك لا ينجح . إن رسالة الشفاء للشعب الذين يقبلون الملكوت . و خارج الملكوت لا يوجد وعد الشفاء.

إن ذلك شئ مثير جدا . دعنا ننظر إلى الوراء في تلك الأعداد. فقد أعلن يسوع البشارة المفرحة للملكوت . كيف يعرف الناس أن ملكوت الله قد إقترب ؟ أي إنسان يمكن أن يقف و يقول أن ملكوت الله قد إقترب. ما هو الدليل؟ أنه شفى جميع أنواع المرض و جميع أنواع الضعف .

وبعد ذلك يقول في الآية التالية ، وأعتقد انها محددة جدا في المصطلحات المُستخدمة في تلك الأيام ، وهي تحدد كل أنواع المشاكل الجسدية ،والعقلية و العاطفية التي يمكن أن تعاني منها الإنسانية . فقط إلقى نظرة على القائمة.

" **فَأَحْضَرُوا إِلَيْهِ جَمِيعَ السُّقَمَاءِ الْمُصَابِينَ بِأَمْرَاضٍ وَأَوْجَاعٍ مُخْتَلِفَةٍ** . .

وتلك الأوجاع من الممكن أن تكون عقلية، عاطفية، أو جسدية. وعادة ما أعتقد أن ألام المفاصل ضمن تلك الأوجاع.

. . . وَالْمَجَانِينَ وَالْمَصْرُوعِينَ وَالْمَفْلُوجِينَ، . . .

وأعتقد أن تلك كانت المجموعة الكاملة لأنواع المعاناة الإنسانية في المصطلحات القديمة. وقد تعامل الملكوت مع جميع تلك الأوجاع. لا يوجد شكل من أشكال السلطة الشيطانية أو الخطية أو المرض يمكن أن تتعايش مع ملكوت الله. وكما ترى ، فهذه رسالة منطقية.

إسمحوا لي في عجالة أن أنتقل إلى النبي الأخير من أنبياء العهد القديم، ملاخي ، ملاخي 4: 2 :

" وَلَكُمْ أَيُّهَا الْمُتَّقُونَ اسْمِي (الله يتكلم)   تُشْرِقُ شَمْسُ الْبِرِّ وَالشِّفَاءُ فِي أَجْنِحَتِهَا . . . ".

من هو " شمس البر " ؟ يسوع ، هذا صحيح . انه واحد من ألقابه كبيرة. لاحظ ما هو. انه شمس البر الذي يجلب الشفاء ، هذا صحيح . الآن، في الكون الطبيعي بالنسبة لنا على الأرض، هناك مصدر واحد فقط من الضوء والحياة و الحرارة، وهذا هو الشمس ، أليس كذلك ؟ ان ذلك واضح جدا. الضوء في شخص يسوع ويجلب البر و الشفاء. الظلام ، قوة العدو تجلب الخطيئة والمرض.

وبالعودة الى الوراء لمتى 4: 23-24 ، نقرأ تعليق العهد الجديد. عندما تُشرق شمس البر ، لا الخطية ولا المرض ولا الشياطين يمكن أن تقف أمامها. هذه رسالة مجيدة. هذا شيء يثير حماسك . مجرد حقيقة أن تذهب إلى السماء عندما تموت هو شئ رائع ، ولكن بالنسبة لي ذلك غير مثير . لأنني أكثر اهتماما في الوقت الراهن بما سوف يحدث قبل أن أموت . فإذا كان الغرض من البشارة فقط أن تحصل على السماء عندما تموت ، حسنا، سوف يكون هناك الكثير من الأشياء التي تحدث بلا معنى حقيقي.

هل سمعت عن الميثوديون الإثنين – وهذا هو في الايام الخوالي عندما كانت الميثودية حقا الميثودية . كان أحدهم واعظاً ، وكان الآخر رامى بارع في الرماية . لذلك كان الواعظ يذهب في جولة للوعظ و يدعو الناس إلى التوبة والخلاص ، و كما تعلمون، الدعوات الميثودية من الطراز القديم جيدة ، كان لديهم حقا أن ينبذوا كل شيء، و يعطوا حياتهم دون تحفظ للرب يسوع المسيح. وعندما كان الواعظ واثق تماما أنهم قد تم حصولهم على الخلاص، تقدم أخيه إلى الأمام، و ضربهم بالرصاص. لم يكن لديهم اي تراجعا ، هل فهمت ! حسنا، إذا كان الغرض الوحيد من الإنجيل هو دخول الملكوت ، لماذا لا تذهب هناك بسرعة ؟ مثل الرجل الذي سأل الواعظ ذات مرة: " هل أذهب إلى السماء إذا أكلت لحم الخنزير ؟ " وقال: " نعم، سوف تذهب على الأرجح هناك أسرع " . ولكن ، كما ترى، ، إننا عن غير قصد نقوم بتقديم بشارة الإنجيل للناس بصورة كاريكاتورية.

إننا عن غير قصد نقوم بتقديم بشارة الإنجيل للناس بصورة كاريكاتورية.

فتلك الصورة لا تتفق كثيراً مع رسالة العهد الجديد الحقيقي . أنه لأمر رائع بقدر ما تذهب، لكنها لا تذهب بعيدا بما فيه الكفاية تقريبا .

الآن دعونا ننظر إلى الفكر القادم الذي لدي وهو الصلاة للملكوت. فإن صلواتنا وتعليمنا يجب أن يكونوا مرتبطين، أليس كذلك؟ انه شئ متعارض أن تعظ بشيء واحد و تُصلي بآخر. يسوع لم يترك مجالا لعدم الاتساق. فبمجرد أعلان الملكوت، علَّم تلاميذه كيفية الصلاة . نقرأ في متى 6: 9-10 :

" **فَصَلُّوا أَنْتُمْ هكَذَا: أَبَانَا الَّذِي فِي السَّمَاوَاتِ، لِيَتَقَدَّسِ اسْمُكَ.** .

هذا هو العنوان. يمكننى أن أركّز على ذلك مجرد لحظة لأنها واضحة جدا ولكنها تصل للكمال في صياغتها . في اللغة اليونانية وبعض اللغات الأخرى عندما تقول " ابانا" الكلمة الأولى التي تأتي ليست ضمير نحن ، ولكن كلمة أب. لذا، فأنت تبدأ مع الجانب الأكثر أهمية في علاقتك. تبدأ الصلاة مثل طفل يخاطب أبيه . وهذا يُحدث كل الفرق في صلاتك ، هل فهمت ، أنك تصلي إلى أب. ثم تضع ضمير نحن ، ، فقط حتى تتذكّر بأن الله لديه الكثير من الأطفال الآخرين إلى جانب نفسك ، أنت تفهم . أنت لا تستطيع أن

تركِّز فقط على نفسك . إن فعلت ذلك تبدأ في تبنى الموقف الصحيح في التقديس أو العبادة. ليتقدس إسمك. حسنا ، هذا هو النهج الأساسي.

بعد أن نتبنى الموقف الصحيح في التقديس أو العبادة ، نكون على استعداد في الواقع لبدء الصلاة أو إجراء الالتماسات. الالتماس الأول هو ماذا؟ لِيَأْتِ مَلَكُوتُكَ. حسناً ! نفهم أن ذلك يأخذ الأسبقية على كل احتياجاتك الشخصية. الخبز اليومي الخاص بك ، و غفران ذنوبنا ، كل ما تبقى يأتي في وقت لاحق . ولكن ما هو الأولوية رقم واحد ؟ مجيء ملكوت الله . أنا أقترح عليك أن صلاتك سوف تتماشى تماما مع إرادة الله عندما تكون لديها نفس الدافع ونفس الأولوية. أول شيء يهُم هو مجيء ملكوت الله. وأنا أعتقد أنك تتفق معي ، أن ذلك من شأنه أن يضبط صلاة العديد من المسيحيين . أنا أعتقد أنه يمكنني أن أقول معظم المسيحيين . نحن نركِّز على ذواتنا كثيراً وعلى احتياجات الشخصية.

في الأساس أود أن أقول أن المسيحي الغربي المعاصر لديه مفهوم أن الله موجود لفائدتنا فقط . نحن لا نتوقع أن نتكيّف مع متطلبات الله ، بل نتوقع أن الله يجب أن يتكيّف معنا. هذا هو مفهوم خاطئ تماماً في العلاقة مع الله. ومفهومنا لذلك في الحد الأدنى ؛ الله يصبح نوعا من آلة البيع التلقائي السماوية. إذا وجدت الفتحة الصحيحة ووضعت العملة الصحيحة، يمكنك الخروج بكوكاكولا أو فانتا أو رقائق البطاطس. وتلك صورة ليست دقيقة عن الله ، هل تفهم؟ الله لن يتغير. انه غير قابل للتغيير . إذا كان أي شخص ينوي أن يتغير ، فمن سيكون؟ بالطبع نحن ، هذا صحيح . وكما ترى، نتيجة للسقوط ، فإن

الإنسان مسجون في التمركز على الذات . كل شيء يدور حول عالمه الصغير و وهو مسجون داخل سجن الحواس المادية الخاصة به. والخلاص ينقذنا من ذلك السجن . فهو يكسر القيود ويحررنا. و يعيدنا إلى التركيز على الله ، حيث الله يكون في المركز و نحن في الأطراف.

الخلاص يعيدنا إلى التركيز على الله، حيث الله يكون في المركز و نحن في الأطراف.

العديد من المسيحيين اليوم، مثل الناس في العصور الوسطى الذين كانوا يعتقدون أن الكون يدور من حولهم. لماذا كانوا يعتقدون ذلك؟ لأن هذا هو المكان الذي كانوا يعيشون فيه . ولكننا تعلمنا أن الأرض تدور حول الشمس ، أليس هذا صحيحاً ؟ و هذه هي طريقة الشمس معنا. نحن ندور حول شمس البر ، و لا تدور الشمس من حولنا. يسوع هو المركز. دعونا ننظر أبعد قليلا في هذه الصلاة ، وبقية الآية 10 :

" **لِيَأْتِ مَلَكُوتُكَ. لِتَكُنْ مَشِيئَتُكَ** (أين) **كَمَا فِي السَّمَاءِ كَذلِكَ عَلَى الأَرْضِ.** "

أين يريد الله أن يقيم ملكوته القادم؟ على الأرض ، هذا صحيح . كما ترى، أعتقد مرة أخرى أنه لدينا في كثير من الأحيان مفهوم ان

الانجيل هو وسيلة توصلنا من الأرض إلى السماء . ونحن نفكر في كيف أننا سوف نطير بعيدا ، إلخ . الذي هو حق. أعني، أنا أحب تلك الترنيمة ولكن شريطة أن تضعها في إطارها الصحيح . وحقيقة الأمر أنه إذا قمت بدراسة العهد الجديد ، فستجد أنه وحي مذهل لأن غرض الله ليس الوصول بنا إلى السماء بل أن يجلب السماء لنا. ما هو الموضوع النهائي في نهاية سفر الرؤيا ؟ أورشليم الجديدة نازلة من السماء إلى الأرض . نحن لم نفكر بتلك الطريقة، هل فهمت.

لذلك إذا كنت ستسمح أن يكون الله هو مركز حياتك، سوف تحصُل على إعلان سمائي، الذي سيؤثر فيك، ذلك الإعلان الذي من غير الممكن الحصول علية في حالة تركيزك على ذاتك. هل يمكنك ان ترى ذلك؟ دعنا نقول فقط تلك الآيتين مرة أخرى. فقط الآيات 9 و 10، مجرد الصلاة.

" **أَبَانَا الَّذِي فِي السَّمَاوَاتِ، لِيَتَقَدَّسِ اسْمُكَ. لِيَأْتِ مَلَكُوتُكَ. لِتَكُنْ مَشِيئَتُكَ كَمَا فِي السَّمَاءِ كَذلِكَ عَلَى الأَرْضِ.**"

والآن ، لو خرجت من هنا وبدأت تعيش لنفسك مرة أخرى، فسوف تكون مرائي. لأنك قد قلت : أن الأولوية الأولى في حياتي هي أن يأتي ملكوت الله . أنا وضعت هذا قبل كل ما عندي من المشاكل والاحتياجات الشخصية. دعونا نتحول إلى وعود الشعب الذين يفعلون ذلك. في متى 06: 33 :

" **لكِنِ اطْلُبُوا أَوَّلاً** (ماذا نطلب) **مَلَكُوتَ اللهِ وَبِرَّهُ،** . ."

لاحظ عدم وجود البر بعيدا عن ملكوت الله ، هل فهمت؟. لا يمكنك أن تكون بار خارج ملكوت الله لأنك متمرد. لا يوجد صلاح للمتمردين . المكان الوحيد الذي يمكن أن تكون فيه بار هو في ظل حكم الله. فإما أن تكون متمرد أو في ظل حكم الله.

فإما أن تكون متمرد أو في ظل حكم الله.

لذلك علينا أن نسعى أولا ليس لنوال البر بل لملكوته . ونتيجة لذلك، نكتسب البر . و ماذا بعد ذلك؟ كل هذه الاحتياجات الأخرى في حياتك سيتم تلبيتها. إذا ماذا؟! إذا كنت قد رتبت أولوياتك بطريقة سليمة .

هل تؤمن بذلك؟ من غير الضروري أن تقول آمين ، أنا فقط أسألك هل حقا تؤمن بذلك؟. إذا كنت حقا تؤمن بذلك ، فهل أنت تعيش بهذه الطريقة؟

عندما كنت واعظ أصغر سنا – أنا ما زلت شاباً، ولكن عندما كنت أصغر سنا – قضيت الكثير من الوقت في الصلاة من أجل المال ، وهو ما كنت في حاجة إليه، صدقوني . في ذلك الوقت كنت أنا وزوجتي قد تبنينا ثمانية بنات وكانت فواتير البقالة والأشياء الأخرى من هذا القبيل باهظة الثمن. في الواقع ، أستطيع أن أتذكر شراء شفرات الحلاقة الخاصة بي واحدة واحدة، لأنني لم أكن أمتلك المال الكافي لشراء عبوة كاملة. حسناً ، أنا أعتقد في الصلاة من أجل المال، وأنا أعتقد أنها مشروعة جدا. ولكن مع مرور الوقت، فقد تعلمت أنه لو أنني أركِّز على ملكوت الله في صلاتي ، فسوف أجني الكثير من المال دون

الكثير من الصلاة من أجل المال، هل فهمت ؟ هذه الطريقة تنجح حقا . لو تعلّمت أن تضع ملكوت الله كأولوية ، فسوف يرعاك الله.

لو تعلمت أن تضع ملكوت الله كأولوية ، فسوف يرعاك الله.

وأنا إنسان عملي جداً. وأقصد أنني أقف بقدمى على الأرض. ولكنني أود أن أُشجّعك أن تحيا بإيمان وتجرّب. الإيمان وليس الإفتراض الغير مبني على أساس. فيجب أن يكون لديك إرشاد واضح من الله قبل أن تبدأ. ولكنني أستطيع أن أقول، مع كل ضعفاتي والمرات العديدة التي لم أمارس فيها حياة الإيمان كما يجب، أنني قد تحققت من صحة وعود الله في الكتاب المقدس عدّة مرات. أُطلب أولاً ملكوت الله وبره، وسوف تحصل على جميع إحتياجاتك الآخرى. ويجب أن أُضيف أيضاً أن الله كريم للغاية على المدى الطويل. وسوف تُختَبر ولكن على المدى الطويل. وقد أخبرت بعض الخدام الذين طُرِدوا من كنائسهم، أنكم سوف تكتشفون أن الله أكثر كرماً من مجلس الكنيسة. لذلك انا أود أن أشهد على أمانة الله وأننا يمكننا أن نعتمد على أمانته. وهذا هو **مبدأ حياه الملكوت، أن تجعل هدفك الأساسي في الحياه أن تؤسس ملكوت الله على الأرض.** يجب أن تُطيع وصايا الله، وسوف يهتم الله بجميع إحتياجاتك المادية. هذا هو وعد الله.

يجب أن تطيع وصايا الله، وسوف يهتم الله بجميع إحتياجاتك المادية.

والآن، فإن يسوع لم يدعو فقط لتلك الرسالة، ولكنه عندما علَّم تلاميذه وأرسلهم كرسل، أعطاهم نفس الرسالة تماماً، ونفس التوقُّع تماماً. فالرسالة لم تتغير، ليس هناك مستوى أقل. لم يكن يسوع على مستوى معين برسالة محددة، والتلاميذ على مستوى أقل برسالة أقل. ولكن كانت هناك رسالة واحدة وتأكيد واحد لكل من يدعو. دعنا نقرأ متى 10 : 1-8،

ثُمَّ دَعَا (يسوع) تَلاَمِيذَهُ الاثْنَيْ عَشَرَ وَأَعْطَاهُمْ سُلْطَانًا عَلَى أَرْوَاحٍ نَجِسَةٍ حَتَّى يُخْرِجُوهَا،. . .

هذا هو أول المؤهلات للخروج والتبشير ببشارة الملكوت، سُلْطَانًا عَلَى أَرْوَاحٍ نَجِسَةٍ. لم يتم إرسال أي إنسان في العهد الجديد للخدمة دون أن يعطى أولا سُلْطَانًا عَلَى الأَرْوَاحِ النَجِسَةٍ. لا يمكنك أن تجد أي مثال.

. . . وَيَشْفُوا كُلَّ مَرَضٍ وَكُلَّ ضُعْفٍ. . . .

هل هذا يبدو مألوفا لك؟ أين نقرأ ذلك ؟ في متى: 4

وَأَمَّا أَسْمَاءُ الاثْنَيْ عَشَرَ رَسُولاً فَهِيَ هذِهِ: (ولن نقرأ الأسماء هنا، ننتقل إلى عدد 5) ، **هؤُلاَءِ الاثْنَا عَشَرَ أَرْسَلَهُمْ يَسُوعُ وَأَوْصَاهُمْ قَائِلاً:«إِلَى طَرِيقِ أُمَمٍ لاَ تَمْضُوا، وَإِلَى مَدِينَةٍ لِلسَّامِرِيِّينَ لاَ تَدْخُلُوا.**

ولما لا ؟ كثير من الناس لا يفهمون ذلك. لأن خطة الله تَنُص على أن بشارة الملكوت تقدَّم أولاً لأمة واحدة، والتى تم إعدادها خاصّة لتقبل الملكوت. وهذا الشعب هو شعب إسرائيل، هذا حقيقي. لذلك فإن بشارة الملكوت لم تقدَّم لأي شعب آخر إلا بعد موت وقيامة يسوع. هل فهمت. يسوع أرشدهم بوضوح: إِلَى طَرِيقِ أُمَمٍ لاَ تَمْضُوا. وعندما جاءته امْرَأَةٌ كَنْعَانِيَّةٌ تطلب منه أن يشفى إبنتها التى كانت عليها روح نجس. لَمْ يُجِبْهَا يسوع بِكَلِمَةٍ . وَقَالَ لها يسوع: لَيْسَ حَسَنًا أَنْ يُؤْخَذَ خُبْزُ الْبَنِينَ وَيُطْرَحَ لِلْكِلاَبِ. وذلك لأن المرأه لم تكن تنتمي للشعب الذي سوف يتقبَّل الملكوت. هل فهمت. ولكن المرأه كانت مثابرة جداً، لذلك فقد نالت كل ما تطلب وأكثر. ولكن يجب أن نفهم لماذا عاملها يسوع بشكل مختلف. لأن رسالته من الله الآب كانت إلى شعب إِسْرَائِيلَ . لذلك ماذا كان على الرسل أن يفعلوا؟ عدد: 6:

. . . بَلِ اذْهَبُوا بِالْحَرِيِّ إِلَى خِرَافِ بَيْتِ إِسْرَائِيلَ الضَّالَّةِ. وَفِيمَا أَنْتُمْ ذَاهِبُونَ اكْرِزُوا قَائِلِينَ: إِنَّهُ قَدِ اقْتَرَبَ مَلَكُوتُ السَّمَاوَاتِ.

وكما ترى فإن الرسالة لم تتغير. ولأن مَلَكُوتُ السَّمَاوَاتِ قَدِ اقْتَرَبَ ، ماذا يجب أن تفعلوا لتبرهنوا على إقتراب مَلَكُوتُ السَّمَاوَاتِ

اِشْفُوا مَرْضَى. طَهِّرُوا بُرْصًا. أَقِيمُوا مَوْتَى. أَخْرِجُوا شَيَاطِينَ. . .

هل هذا يبدو مألوفا لك؟ إن الرسالة لم تتغير أبداً. ليس الشخص بل الرسالة.

. . . مَجَّانًا أَخَذْتُمْ، مَجَّانًا أَعْطُوا.

قال يسوع: أنت لم تدفع أي شيء للحصول علي تلك المواهب، لذلك لابد ألا تتقاضوا أي أموال مقابل ذلك. وأنا أحب تلك العبارة. فأنت تقول يأخى العزيز: هل رأيت الأموات يقومون ؟ نعم، بالتأكيد . في كينيا في شرق أفريقيا حيث عملت لمدة خمس سنوات، أنا شخصيا رأيت اثنين من تلاميذي يقوموا من الموت. ولكن العديد والعديد من الدعاة الأفارقة ، البسطاء يمكن أن يشهدوا رؤية أناس قد قاموا من الموت. وأنا أقول لك شيء أن لدي مشاكل مع تطهير مرضى البرص . أنا أعرف واحد أبرص وقد تم شفاؤة بشكل رائع، لكني يجب أن أقول أن هذا هو المجال الذي أقابل مشاكل فيه. أنا أؤمن بإقامة الموتى . فأنت لا تقيم جميع الموتى ، لم يقم يسوع بإقامة جميع الموتى ولكنني أعتقد أن إقامة الموتى جزء من الشهادة للملكوت .علينا أن نُظهر هزيمة الموت، وكذلك كل الشرور الأُخري .أعتقد بحماس في إخراج الشياطين . وأعتقد في شفاء

29

المرضى . أتمنى أن أفعل ذلك أفضل كثيراً ولكنني على الأقل يمكنني أن أفعل ذلك

النقطة التالية ، و هذا أمر حيوي، هو أنه بمجرّد الإعلان عن ملكوت الله و عمل الأعمال التي تبرهن على إقتراب مَلَكُوتُ السَّمَاوَاتِ، فسوف يجلب ذلك تلقائيا وعلناً معارضة المملكة المنافسه ، التي هى مملكة الشيطان . إذا لم تكن قد نجحت في إظهار مملكة الشيطان ، يمكنك أن تكون على يقين تقريبا أنك لم تقم حقا بإعلان الرسالة .لأن إعلان الرسالة و البرهان بالأعمال سوف يكشف دائما مملكة الشيطان .

عندما كنت في مهمة تعليمية في شرق أفريقيا منذ سنوات و أرسَلت إدارة التعليم من حكومة كينيا فيلم بعنوان "المملكة المنافسة . " كان الفيلم مؤثر جدا. لقد كانت رسالة أن الإنسان نجح فقط في إستباق مملكة الحشرات، ولكن مازالت حياته و سعادته مهددة باستمرار من قِبَل مملكة الحشرات المنافسه .واحدة من المشاكل الكبيرة في تلك الأيام في كينيا هي مرض الملاريا . يتوفي شخص واحد كل عشر ثوان في مكان ما في العالم بسبب الملاريا.

حسنا، هذا النوع من الأفلام قد نَبه تفكيري إلى حقيقة أن هناك مملكة منافسة آخرى .انها ليست مملكة الحشرات ، انها مملكة من الكائنات الشيطانية والأرواح الشريرة ، والملائكة المتمردة . و أنه حيثما يُعلن ملكوت الله ، سيكون هناك في المقابل مملكة الشيطان. الآن دعونا ننظر في متى 12 :22

" **حِينَئِذٍ أُحْضِرَ إِلَيْهِ مَجْنُونٌ أَعْمَى وَأَخْرَسُ فَشَفَاهُ، حَتَّى إِنَّ الأَعْمَى الأَخْرَسَ تَكَلَّمَ وَأَبْصَرَ.** "

هل تُدرك ما يقول العدد : كان هذا الرجل أعمى ، لا يستطيع أن يرى ، وكان أَخْرَسُ، لا يستطيع الكلام، بسبب وجود روح شريرة. وعندما خرجت الروح الشريرة من الرجل، تمكّن من أن يتكلم و يرى .حسنا، منذ ليلتين فقط ، ليلة السبت في هونولولو، كانت سيدة سويسرية عزيزة فى عمر 86 سنة ، لا تتحدث سوى الفرنسية ، وجاءت إلى خدمة الشفاء لدينا، وقد جاءت مع ابنها .قال الابن "هذه هي أمي . وهي في ال 86 . وقد فقدت بصرها ، وكان واضحاً أنها لا تُبصر .وقالت انها تريد الصلاة "، وأخبرتني السيدة قائلة،" لقد حدث معي أربعة معجزات .فقلت لها: أعتقد أنك سوف تنالين المعجزة الخامسة ". ثم فكرت، بأنني سوف أضع هذا الشيء على المحك. لا أعني أنني كنت أقوم بتجربة ، ولكنني شعرت بأنني مدفوع للقيام بذلك ، لذلك قلت: " سنقوم بإخراج روح العمى ".

ثم قمت أنا وروث بالصلاة، وحدث شئ لتلك السيدة وحاولنا أن نهدئ روعها وأجلسناها على كرسي و بدأت تهتز و وتختنق بالدموع . و كان ابنها يحاول تهدئتها و يوقف إرتعاشها وبكائها .قلنا له : " لا تمنعها . هذا هو الشيء الذي نريد أن يخرج منها . هل تفهم؟ لا تهدئ من روعها " . ثم إستكملنا الاجتماع ، والصلاة لأشخاص آخرين و بعد حوالي عشر دقائق ، وليس أكثر ، أحضر الرجل والدته و قالت باللغة الفرنسية : "أنا أستطيع أن أرى عينيك. " و قال

الرجل ، " أمي استعادت البصر. " فكرت، "إن ذلك ينجح . " سبحوا الرب . إن خدمة الشفاء تعمل آمين . ولكن هذا مجرد قمة لجبل الجليد ، الذي ينبغي أن يحدث باستمرار . وفي نفس الاجتماع جاء رجل أصم في كلتا الأذنين . فوضعت أصابعي في كلتا الأذنين، و صليت قائلاً: " ماذا عن ذلك ؟ " تمكن من أن يسمع بكلتا الأذنين .أعني، أن ذلك كان فوري. الآن دعونا ننظر في متى 12 :23-24،

" فَبُهِتَ كُلُّ الْجُمُوعِ وَقَالُوا:«أَلَعَلَّ هذَا هُوَ ابْنُ دَاوُدَ؟» أَمَّا الْفَرِّيسِيُّونَ فَلَمَّا سَمِعُوا قَالُوا:«هذَا لاَ يُخْرِجُ الشَّيَاطِينَ إِلاَّ بِبَعْلَزَبُولَ رَئِيسِ الشَّيَاطِينِ."

هذا هو أحد ألقاب الشيطان . وبعبارة أخرى ، اتهموا يسوع بأنه متحالف مع الشيطان ، هل تفهم؟ شيء رهيب .

" فَعَلِمَ يَسُوعُ أَفْكَارَهُمْ، وَقَالَ لَهُمْ: «كُلُّ مَمْلَكَةٍ مُنْقَسِمَةٍ عَلَى ذَاتِهَا تُخْرَبُ، وَكُلُّ مَدِينَةٍ أَوْ بَيْتٍ مُنْقَسِمٍ عَلَى ذَاتِهِ لاَ يَثْبُتُ. فَإِنْ كَانَ الشَّيْطَانُ يُخْرِجُ الشَّيْطَانَ فَقَدِ انْقَسَمَ عَلَى ذَاتِهِ. فَكَيْفَ تَثْبُتُ مَمْلَكَتُهُ؟"

لاحظ أن شيطان لديه المملكة .يجب أن نفهم ذلك .وبعد ذلك في متى 27

" وَإِنْ كُنْتُ أَنَا بِبَعْلَزَبُولَ أُخْرِجُ الشَّيَاطِينَ، فَأَبْنَاؤُكُمْ بِمَنْ يُخْرِجُونَ؟

كان طرد الارواح الشريرة يُمارس بين الشعب اليهودي في ذلك الوقت.

لِذلِكَ هُمْ يَكُونُونَ قُضَاتَكُمْ".(والآن إسمع، هذا هو العدد:) وَلكِنْ إِنْ كُنْتُ أَنَا بِرُوحِ اللهِ أُخْرِجُ الشَّيَاطِينَ، فَقَدْ أَقْبَلَ عَلَيْكُمْ مَلَكُوتُ اللهِ!

ترى ذلك؟ ما هذا ؟ هذا هو الصدام بين مملكتين غير مرئيتين. ملكوت الله التي يمثلها يسوع ومملكة إبليس ويمثلها الشياطين .و عندما كانت الشياطين تخضع لسلطة يسوع و قوة الروح القدس، كان هذا إعلان عن أن ملكوت الله قد انتصر على ملكوت الشيطان . وأعتقد أن هذا هو السبب أن الشيطان يكره خدمة طرد الأرواح الشريرة أكثر من أي شئ آخر، لأنها إعلان على أمرين . حقيقة أن هناك اثنين من الممالك الغير مرئية، وحقيقة أن ملكوت الله قد تفوق و إنتصر على مملكة الشيطان.

/ - / - / - / - / - /- -

ملحوظة

واحدة من استراتيجيات الشيطان هو الحفاظ على الناس و / أو لمؤمنين أبعد ما يمكن عن استيعاب هذا الواقع عن المملكتين. ، ملكوت الله ومملكة الشيطان.من هنا كان عمله منذ البداية، في نقل الرسالة. التشويه ، والتغيير ، والتحويل ، وتمييع المعنى الحقيقي منه . وأتمنى ، وآمل و أُصلي من اجل ان هذه الرسالة سوف تُسهم في إستعادة رسالة البشارة المفرحة لملكوت الله ، وأنه بالتالي تكون آداة في بناء ملكوت الله هنا على الأرض، ابتداء من (و أن تبدأ من الداخل) حياتك، عزيزي القارئ!

لأَنَّ مَلَكُوتَ اللهِ لَيْسَ بِكَلاَمٍ، بَلْ بِقُوَّةٍ. (كورونثوس الأولى 4 : 20)

نعمة و سلام ربنا يسوع المسيح معكم ،

Christina van Hamersveld

DPM Portugal

ويستند هذا الخطاب على الشريط رقم : 1: 4121
البشارة المفرحة لملكوت الله
ـإستعادة الرسالةـ

34

- وماذا بعد ؟؟؟ -

قبل إجابة هذا السؤال، هناك شئ آخر يجب أن تفكر فيه:

هل ما قرأته في هذا الخطاب كان من الله؟؟؟

لو كان إستنتاجك: نعم إنه من الله، لأنه ما هو مكتوب في الكلمة، فالموضوع المقبل سوف يكون:

فما الذي ينبغي القيام به، أو يجب أن يتغير في حياتي المسيحية ؟

بعد طمأنة الدخول الى ملكوت الله، لا بد أن تكون وضعت أساسا متينا كما هو مكتوب في الرسالة إلى العبرانيين 6 :3-1،

" لِذلِكَ وَنَحْنُ تَارِكُونَ كَلاَمَ بَدَاءَةِ الْمَسِيحِ، لِنَتَقَدَّمْ إِلَى الْكَمَالِ، غَيْرَ وَاضِعِينَ أَيْضًا أَسَاسَ التَّوْبَةِ مِنَ الأَعْمَالِ الْمَيِّتَةِ، وَالإِيمَانِ بِاللهِ،(كَلاَمَ بَدَاءَةِ) **تَعْلِيمَ الْمَعْمُودِيَّاتِ، وَوَضْعَ الأَيَادِي، قِيَامَةَ الأَمْوَاتِ، وَالدَّيْنُونَةَ الأَبَدِيَّةَ، وَهذَا سَنَفْعَلُهُ إِنْ أَذِنَ اللهُ."** (نسخة الملك جيمس)

المادة الدراسية من خدمة ديريك برنس، التي من شأنها أن تساعدك على وضع حجر الأساس:

(كتاب / سلسلة /أقراص مدمجة)